ABÉCÉDAIRE,

OU

ALPHABET

DES GRANDS HOMMES DE FRANCE,

AVEC

QUELQUES TRAITS HISTORIQUES SUR DES ENFANS CÉLÈBRES ;

SUIVI

DE NOTIONS ÉLÉMENTAIRES DE GRAMMAIRE FRANÇAISE ;

et orné de jolies gravures.

A POITIERS,

CHEZ F.-A. BARBIER, IMPRIMEUR-LIBRAIRE.

1832.

En vente chez le même Libraire :

ABÉCÉDAIRE, *ou* ALPHABET DE L'ANCIEN ET DU NOUVEAU TESTAMENT, *avec des Traits d'Histoire et des Maximes tirés de l'Ecriture sainte ; suivi d'un Abrégé du Catéchisme et de diverses Prières.*

ABÉCÉDAIRE, *ou* ALPHABET MORAL, *pour former un bon cœur aux Enfans, et les corriger des Défauts de leur âge ; suivi de Sentences et de Maximes.*

ABÉCÉDAIRE, *ou* ALPHABET D'HISTOIRE NATURELLE, *avec des Traits sur les Mœurs et l'Industrie des Animaux ; suivi de Notions élémentaires de Géographie.*

ABÉCÉDAIRE, *ou* ALPHABET DES ARTS ET MÉTIERS, *avec des Anecdotes morales et instructives ; suivi de Notions élémentaires d'Arithmétique.*

Ces divers Ouvrages, avec jolie Couverture imprimée, sont ornés de Gravures en taille-douce, très propres à exciter dans les Enfans le goût de la lecture et à accélérer leurs progrès.

Plusieurs de ces Abécédaires sont la propriété du Libraire-Editeur.

On trouve dans les Magasins de la même Maison un assortiment considérable de Livres de Piété, de Morale, de Jurisprudence et de Classe, etc., etc.

Tous les Livres de notre fonds imprimés depuis le 1.er Janvier 1822, portent notre signature.

ALPHABET FRANÇAIS,

AVEC

douze portraits et vingt-cinq jolies vignettes.

La vertu et l'etude conduisent au Bonheur.

POITIERS.
F. A. BARBIER,
Impr. Libraire
1832.

ABÉCÉDAIRE,

OU

ALPHABET

DES GRANDS HOMMES DE FRANCE,

AVEC

QUELQUES TRAITS HISTORIQUES SUR DES ENFANS CÉLÈBRES ;

SUIVI

DE NOTIONS ÉLÉMENTAIRES DE GRAMMAIRE FRANÇAISE ;

et orné de jolies gravures,

Propres à exciter la curiosité des Enfans et à faciliter leurs progrès.

A POITIERS,

CHEZ FRANÇ.-AIMÉ BARBIER, IMPRIMEUR-LIBRAIRE.

1832.

A	a
B	b
C	c
D	d

(5)

E	e
F	f
G	g
H	h

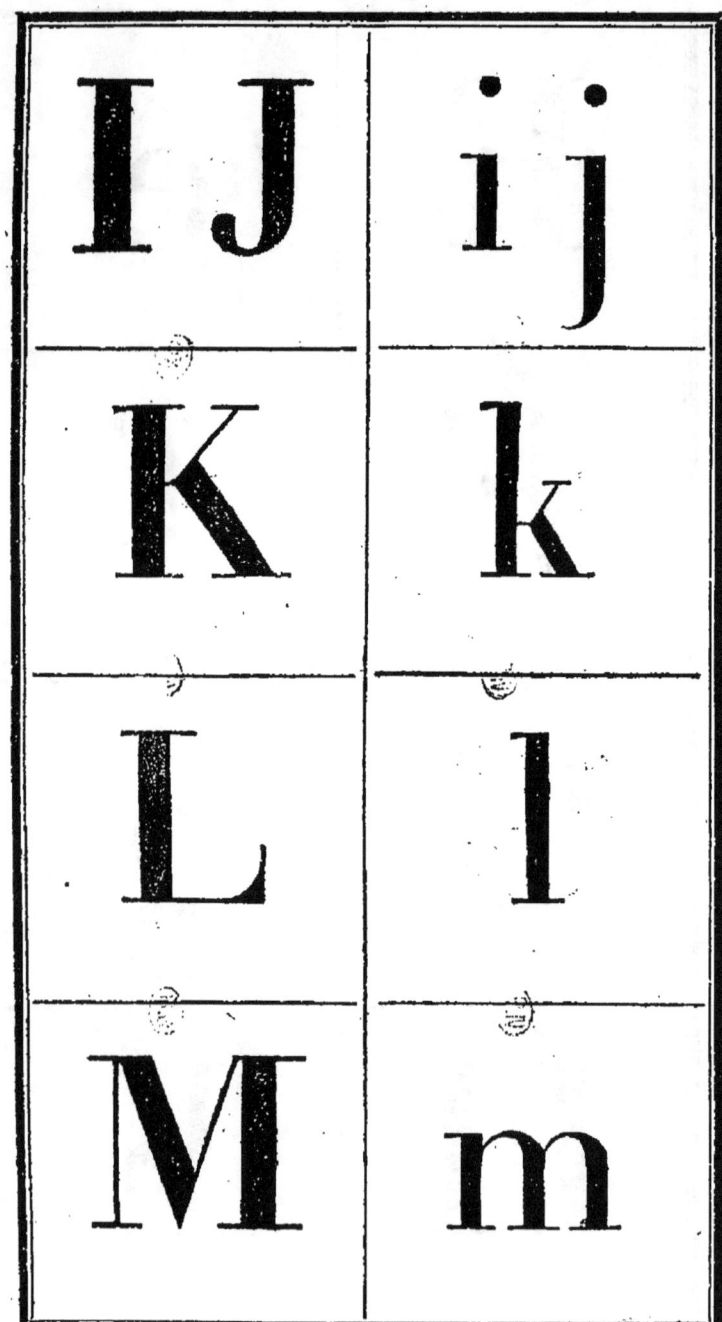

N	n
O	o
P	p
Q	q

(8)

R	r
S	s
T	t
U	u

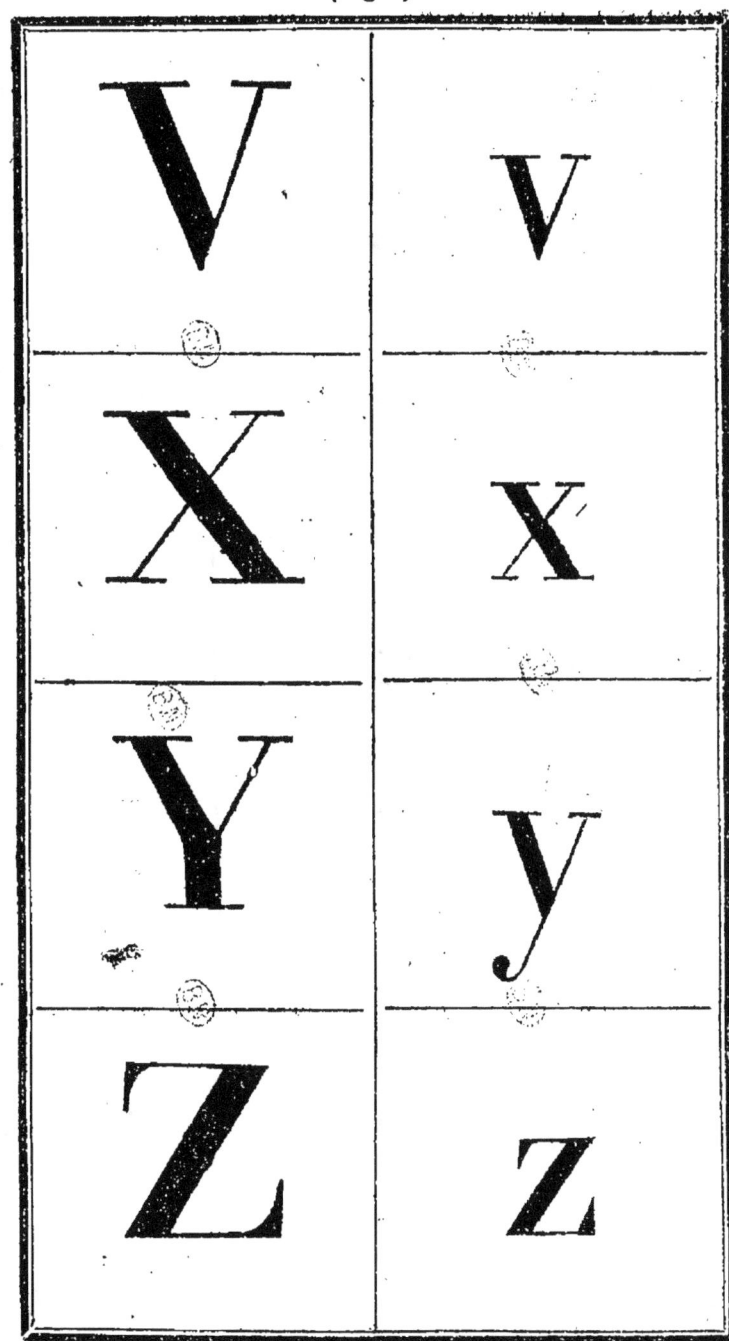

A a	J j	S s
B b	K k	T t
C c	L l	U u
D d	M m	V v
E e	N n	X x
F f	O o	Y y
G g	P p	Z z
H h	Q q	Æ æ
I i	R r	OE œ

A a	J j	S s
B b	K k	T t
C c	L l	U u
D d	M m	V v
E e	N n	X x
F f	O o	Y y
G g	P p	Z z
H h	Q q	Æ œ
I i	R r	OE œ

(12)

TABLEAU comparatif de divers Caractères d'écriture avec le Caractère romain ou ordinaire.

CARACTÈRE ordinaire.	ANGLAISE.	RONDE.	GOTHIQUE.
A a	*A a*	*A a*	*A a*
B b	*B b*	*B b*	*B b*
C c	*C c*	*C c*	*C c*
D d	*D d*	*D d*	*D d*
E e	*E e*	*E e*	*E e*
F f	*F f*	*F f*	*F f*
G g	*G g*	*G g*	*G g*
H h	*H h*	*H h*	*H h*
I i	*I i*	*I i*	*I i*
J j	*J j*	*J j*	*J j*
K k	*K k*	*K k*	*K k*
L l	*L l*	*L l*	*L l*

CARACTÈRE ordinaire.	ANGLAISE.	RONDE.	GOTHIQUE.
M m	*M m*	M m	M m
N n	*N n*	N n	N n
O o	*O o*	O o	O o
P p	*P p*	P p	P p
Q q	*Q q*	Q q	Q q
R r	*R r*	R r	R r
S s	*S s*	S s	S s
T t	*T t*	T t	T t
U u	*U u*	U u	U u
V v	*V v*	V v	V v
X x	*X x*	X x	X x
Y y	*Y y*	Y y	Y y
Z z	*Z z*	Z z	Z z

Voyelles.

a e i *ou* y o u

Consonnes.

b c d f g h j
k l m n p q r
s t v x z

Lettres doubles et liées.

fi ſt fl fi fl
æ œ w ct &

Diphtongues.

ai *mail.* | ieu *lieu.*
ia *liard.* | ien *rien.*

io f*io*le. | ion l*ion*.
oi r*oi*. | uin j*uin*.

Syllabes.

ba be bi bo bu
ca ce ci co cu
da de di do du
fa fe fi fo fu
ga ge gi go gu
ha he hi ho hu
ja je ji jo ju
ka ke ki ko ku

la	le	li	lo	lu
ma	me	mi	mo	mu
na	ne	ni	no	nu
pa	pe	pi	po	pu
qua	que	qui	quo	quu
ra	re	ri	ro	ru
sa	se	si	so	su
ta	te	ti	to	tu
va	ve	vi	vo	vu
xa	xe	xi	xo	xu
za	ze	zi	zo	zu

Syllabes de trois Lettres.

Bla	blé	bli	blo	blu
Bra	bré	bri	bro	bru
Cha	che	cli	clo	clu
Cra	cre	cri	cro	cru
Dra	dre	dri	dro	dru
Fla	fle	fli	flo	flu
Fra	fre	fri	fro	fru
Gla	gle	gri	gro	gru
Pha	phe	pli	plo	plu
Pra	pré	pri	pro	pru
Qua	qué	qui	quo	quu
Sia	spé	spi	sto	stu
Tra	thé	tri	tro	tru
Vla	vre	vri	vio	vru

Syllabes de quatre et cinq Lettres.

Bats beils bits bour buts
Cats cens clins cots cuit
Dant dets dins dors duits
Faut fert fics forts fuir
Gail gent gins gons guin
Hail heur hier hors huis
Lant leur liant loin lues
Mail mets mies mois muis
Nart nent nier noirs nuit
Pars perts pirs port purs
Rait reil reins rons rues
Sant serts sirs sout suit
Tant tels tifs tons tuns
Vaux vers vient voit vues

MOTS FACILES A ÉPELER.

Sons simples.

Ma-man,	Maman.
Pa-pa,	Papa.
An-ge,	Ange.
Ai-mé,	Aimé.
Ban-ni,	Banni.
Ba-ron,	Baron.
De-mi,	Demi.
Di-vin,	Divin.
En-fant,	Enfant.
Fan-fan,	Fanfan.
Pe-tit,	Petit.
Ro-me,	Rome.
Sou-ris,	Souris.

Sons plus composés.

Arts.	Mien.
Beaux.	Nord.
Bruit.	Ours.
Ceint.	Peaux.
Corps.	Preux.
Dort.	Quart.
Eaux.	Rats.
Fleurs.	Rond.
Franc.	Seing.
Grain.	Soins.
Haies.	Trous.
Jours.	Vent.
Leur.	Yeux.
Liens.	Zest.

Accents.

´ aigu, é.
` grave, à è ù.
ˆ circonflexe, â ê î ô û.
¨ tréma, ë ï ü.
¸ cédille, ç.

Exemples de l'e muet.

Ane.   Poule.
Chaise.   Vache.

Exemples de l'é fermé.

Amitié.   Fermeté.
Bonté.   Vérité.

Exemples de l'è ouvert.

Excès.   Paupière.
Frère.   Procès.

Exemple de l'ê très ouvert.

Crêpe.   Hêtre.
Fête.   Prêtre.
Guêpe.   Tête.

Exemples de l'e moyen.

Amer.   Chien.
Cheval.   Sentir.

Exemples de l'Accent circonflexe sur les voyelles a i o u.

Blâme.   Flûte.
Côte.   Gîte.
Dôme.   Pâte.

Exemples de l'l mouillée.

Babil.   Soleil.
Famille.   Oreille.

Exemples de l'h aspirée.

La hache.   Le hasard.
Le hareng.   La honte.
Les haricots. La hotte.

Exemples de l'h non aspirée

L'harmonie.   L'homme.
L'heure.   L'honneur.
L'hiver.   L'horreur.

Exemples de l'y entre deux voyelles.

Citoyen.   Royal.
Noyeau.   Voyeur.

Exemples de la Cédille.

Façon.   Garçon.
Français.   Reçu.

Exemples du Tréma.

Aïeul.   Moïse.
Esaü.   Poëte.

Signes de la Ponctuation.

La Virgule [,]
Le Point-Virgule [;]
Le Deux-Points [:]
Le Point [.]
Le Point d'interrogation [?]
Le Point d'admiration ou d'exclamation [!]
Le Trait d'union [-]
L'Apostrophe [']
Les Parenthèses [( )]
Les Guillemets [« »]

REMARQUES sur la Prononciation de quelques Lettres.

C se prononce comme un *k* devant les voyelles *a*, *o*, *u*, et comme *s* devant *e* ou *i*; ainsi les mots, *cave, cesser, cité, coton, curé* se prononcent *kave, sesser, sité, koton, kuré*. Le *c* a quelquefois le son du *g*, comme dans *second, secondement*, qu'on prononce *segond, segondement*. Cette lettre disparoît entièrement pour l'oreille à la fin de quelques mots tels que *cric, estomac*, et quelques autres; mais il se prononce fortement à la fin de *bec, froc, sac*.

D à la fin de certains mots se prononce comme *t*, s'il est suivi d'une voyelle ou d'une *h* muette; *profond abîme* se prononce comme *profon tabîme*. Il en est de même lorsqu'il se trouve à la fin d'un verbe suivi de *il, elle, on : entend-il* se prononce *enten-til*.

F à la fin de quelques mots ne se fait point sentir; *clef, cerf-volant* se prononcent *clé, cer-volant*. A la fin du mot *neuf*, adjectif numéral, l'*f* a le son d'un *v* devant une voyelle ou une *h* muette, *neuf ans, neuf hommes*, se prononcent *neuv ans, neuv hommes*. Si le mot *neuf* est suivi d'un mot commençant par une consonne ou une *h* aspirée, l'*f* ne se prononce pas du tout ; au contraire, elle conserve toute sa force lorsque ce mot termine la phrase ; ainsi, il faut dire *les neu muses*, et *les muses sont au nombre de neuf*.

L'*l* ne se prononce pas à la fin des mots *baril, coutil, fusil, sourcil*, et de quelques autres ; elle a le son mouillé dans *avril, orgueil, soleil*; et le son naturel dans *il, fil, bal*, et dans la majeure partie des mots terminés par cette lettre. Deux *ll* après un *i* sont ordinairement mouillées, à moins que le mot ne commence par l'*i* qui les précède : ainsi elles sont mouillées dans *fille, postillon*, mais non dans les mots *illégal, illimité*, et tous ceux commençant ainsi, où l'on fait sentir le redoublement de cette lettre.

M à la fin des mots et au milieu de plusieurs a le son de l'*n*; on écrit *faim, comte, embarras*, et on prononce *fain, conte, enbarras* : dans la plupart des mots où il y a deux *mm* après un *o*, on n'en prononce qu'une, *homme, commandement* se prononcent *home, comandement*. Dans les adverbes terminés par *amment* ou *emment*, on ne prononce qu'une *m*, et l'*a* ou l'*e* qui précède a toujours le son de l'*a*; ainsi on écrit *conséquemment, méchamment*, et on prononce *conséquament, méchament*. Dans les mots *emmener, emmancher* et quelques autres, la première *m* a le son de l'*n*.

P suivi d'une *h* se prononce comme une *f*: *phrase, physiqne*, prononcez *frase, fysique*.

On fait entendre *r* finale dans les monosyllabes, *cher, or*; dans la terminaison en *er* précédée de *f, m*, ou *v*; *enfer*; dans les infinitifs en *er*, elle ne se fait sentir que devant une voyelle ou une *h* muette; on prononce *il faut aimé Dieu, on doit espérer en lui*. Deux *rr* de suite se prononcent comme une, *parrain*: il y a exception pour le mot *torrent*, pour d'autres qui commencent par *irr*, et pour les futurs et les conditionnels de certains verbes, *irréligieux, je courrai*. L'*h* après l'*r* n'influe nullement sur la prononciation: *rhéteur* se prononce comme si l'on écrivoit *réteur*.

S entre deux voyelles a ordinairement le son d'un *z*; excepté dans *vraisemblable* et ses dérivés, qu'on prononce *vraicemblable*, etc.

Le *t* devant un *i* a souvent le son du *c*, lorsqu'il se trouve une autre voyelle après *ti*, *patience*, *nation*, se prononce *pacience*, *nacion* ; lorsque *ti* est précédé d'un *s* ou d'un *x*, le *t* conserve le son qui lui est propre, *bastion*, *mixtion*, dans les imparfaits des verbes dont l'infinitif est en *ter*, nous *chantions*, nous *portions* ; de là cette phrase bizare : *nous portions nos portions*, dont le dernier mot se prononce *porcions*. Le *t* est dur dans *amitié*, *chrétien*, et doux dans *prophétie*, *initié*, etc.

Dans les mots peu usités et dans quelques autres, la lettre *x* prend l'articulation du *cs*, *extrême* ; dans d'autres elle s'adoucit et prend celle de *gz*, *exercice* ; dans d'autres son articulation ressemble à celle d'un *c* dur, *exception* ; dans d'autres enfin elle est foible et se prononce *ss*, *Auxerre*. La lettre *x* s'éclipse totalement à la fin de mots fort usités, comme *prix*. Lorsque *deux*, *six*, *dix* se trouvent devant des consonnes ou une *h* aspirée, on ne prononce pas l'*x* : *dix poulets*, prononcez *di poulets*. On prononce l'*x* de ces mêmes mots comme *s*, lorsqu'ils terminent la phrase : *ils étoient six*, prononcez *sis*.

Phrases à épeler.

A-do-rez et ai-mez Dieu, mon cher en-fant.

Il vous com-man-de ex-pres-sé-ment d'ho-no-rer vo-tre pè-re et vo-tre mè-re.

Il vous pres-crit aus-si de les res-pec-ter et de leur ê-tre sou-mis en tou-tes cho-ses.

On doit é-cou-ter leurs re-mon-tran-ces sans im-pa-tien-ce.

Il est ra-re de voir par-ve-nir à un haut de-gré de savoir ce-lui qui n'a pas ai-mé l'é-tu-de dès son bas â-ge.

Tous ne peu-vent ar-ri-ver à la cé-lé-bri-té.

Mais tous sont te-nus de se con-dui-re de ma-niè-re à mé-ri-ter l'es-ti-me pu-bli-que.

L'ins-truc-ti-on, si el-le n'est join-te à l'é-du-ca-ti-on, ne pro-duit sou-vent que de mau-vais fruits.

Les pa-rens doi-vent s'at-ta-cher, par-des-sus tout, à don-ner u-ne bon-ne é-du-ca-ti-on à leurs en-fans.

Ceux-ci doi-vent fai-re

tous leurs ef-forts pour en pro-fi-ter.

La jeu-nes-se est le meil-leur temps pour ap-pren-dre.

Si vous a-vez de la rai-son et du ju-ge-ment vous don-ne-rez tou-te vo-tre at-ten-ti-on à pro-fi-ter des le-çons de vos maî-tres.

C'est le moy-en le plus cer-tain de par-ve-nir à u-ne po-si-ti-on ho-no-ra-ble.

Les let-tres et les scien-ces or-nent l'es-prit et font le char-me de la vie.

Les beaux arts re-po-sent de tra-vaux plus utiles.

Pos-sé-der des ver-tus, fai-re le bien, vaut mieux que d'ac-qué-rir des ta-lens.

Dans quel-que po-si-ti-on que l'on soit on doit ren-dre ser-vi-ce à ses sem-bla-bles.

Voi-là des ma-xi-mes di-gnes de l'hom-me de bien :

Fai-tes à au-trui ce que vous vou-dri-ez que l'on vous fît.

Ne fai-tes pas à au-trui ce que vous ne vou-dri-ez pas que l'on vous fît.

ABÉCÉDAIRE

DES

GRANDS HOMMES DE FRANCE.

ASSAS (le Chevalier d').

Le chevalier d'Assas, capitaine au régiment d'Auvergne, se trouvant à Clostercamp, en Hollande, dans la nuit du 15 au 16 octobre 1760, s'avança tout seul dans la campagne pour reconnoître la position des ennemis. Tout à coup il se trouva en face d'un corps considérable, qui approchoit en silence pour surprendre les Français. Il est arrêté, et on menace de l'égorger s'il dit un mot. D'Assas, sentant qu'il y alloit du salut de l'armée, qui ne s'attendoit pas à cette attaque, s'écrie sans hésiter : *A moi, Auvergne ! ce sont les ennemis !* Aussitôt il tombe percé de coups. Ce dévouement sublime sauva l'armée française. D'Assas étoit célibataire. Quelques années plus tard, Louis XV créa une pension en faveur de sa famille, reversible à perpétuité à l'aîné du nom. Cette pension, qui avoit été supprimée pendant la révolution, a été rétablie par Louis XVIII.

BAYARD.

Bayard naquit l'an 1476, sous le règne de Louis XI. Ce vaillant capitaine mérita le nom de *Chevalier sans peur et sans reproche*. Il étoit pieux, simple, brave, magnanime : aussi sa vie n'est-elle qu'une suite d'exploits étonnans et d'actions vertueuses. Il mettoit un grand soin à remplir fidèlement ses devoirs. En Italie, il défendit seul un pont contre deux cents Espagnols, et sauva l'armée française en retardant la marche de l'ennemi vainqueur. Il fut dangereusement blessé à la prise de la ville de Bresse. Après la bataille de Marignan, où Bayard fit des prodiges de valeur, François I.er voulut être armé chevalier de sa main. Sa glorieuse défense de Mézières, qui empêcha l'ennemi de pénétrer au cœur du royaume, le fit recevoir à Paris comme un libérateur. Le parlement lui envoya une députation solennelle au nom de l'Etat, et le Roi le récompensa de la manière la plus honorable. Bayard ayant reçu une blessure mortelle à la bataille de Rebec, se fit coucher au pied d'un arbre, le visage tourné vers l'ennemi, ne voulant pas, dit-il, lui tourner le dos une fois en sa vie. Il expira peu après, âgé de quarante-huit ans, déposant dans le sein d'un ami ses adieux à son roi, et à sa patrie, et baisant la croix de son épée à défaut de crucifix.

CORNEILLE.

Pierre Corneille naquit à Rouen en 1606 : c'est l'un de nos plus grands poëtes tragiques. Son coup d'essai fut la tragédie de *Médée*, qui annonça, bien que mal conçue et mal écrite, le talent sublime de son auteur. Le *Cid* commença sa réputation. Cette pièce obtint un si grand succès, qu'il étoit passé en proverbe, en plusieurs provinces, de dire : Cela est beau comme *le Cid*. Corneille avoit dans son cabinet cette tragédie traduite dans toutes les langues de l'Europe, hormis l'esclavonne et la turque.

Après le *Cid*, il donna *les Horaces*, *Cinna*, *Polyeucte*, *Pompée*, *Rodogune*, etc. *Cinna* est généralement regardé comme le chef-d'œuvre de Corneille, qui cependant donnoit la préférence à *Rodogune*. Ce grand homme mourut à l'âge de soixante-dix-huit ans, doyen de l'Académie française. Il étoit doué de toutes les vertus. Il peut être considéré comme le père de la tragédie et le créateur du théâtre français.

DESAIX.

Desaix est l'un des plus grands généraux que la France ait produits. Il étoit aussi modeste, aussi désintéressé qu'il étoit brave. Il naquit près de Riom, dans le département du Puy-de-Dôme, en 1768. Il fut élevé à l'école militaire d'Effiat, et commença à servir à l'âge de quinze ans : il monta rapidement en grade. A Lauterbourg, il fut atteint d'une balle qui lui perça les deux joues : il ne pouvoit plus parler ; mais il encourageoit ses soldats par ses gestes, et ne voulut laisser panser sa blessure qu'après la bataille. Son activité étoit si grande, qu'un grenadier français disoit avec humeur : « Si cela continue, je me brûlerai la cervelle ; cet homme est toujours devant moi ». Il commanda long-temps une des divisions de l'armée de Moreau ; puis il suivit en Egypte Bonaparte, qui le chargea des opérations les plus importantes. Il administra la Haute-Egypte avec tant de justice et de modération, que les habitans l'appeloient le *Sultan juste*. Il ne quitta ce pays qu'après le traité d'El-Arisch. Dès qu'il fut en France, il se rendit à l'armée d'Italie, et il y arriva peu de jours avant la bataille de Marengo, où il commanda la réserve. Il y fut mortellement blessé.

ÉPÉE (l'abbé de l').

L'ABBÉ de l'Épée fut un véritable bienfaiteur des hommes. S'il n'est pas l'inventeur de cet art ingénieux qui, substituant le geste aux articulations de la voix, peut donner, en quelque sorte, aux muets la parole et l'intelligence, ses travaux multipliés et son zèle ne lui assurent pas moins la reconnoissance des amis de l'humanité. Il naquit à Versailles en 1712, et mourut à Paris en 1790. On lui doit l'établissement de l'institution des Sourds-Muets. Avant lui, ces infortunés étoient privés de toute instruction et pour ainsi dire abandonnés. L'abbé de l'Épée leur consacra sa vie, sa fortune. Il entretint chez lui quarante élèves sourds-muets. Il s'imposa pour eux de continuelles et pénibles privations, au point que, pendant le rigoureux hiver de 1788, il se passoit de bois et des vêtemens dont il avoit besoin, pour que ses pensionnaires ne manquassent de rien. Il fut aidé, dans cette œuvre de bienfaisance, par le vertueux Louis XVI, par le vénérable duc de Penthièvre et par quelques autres personnes généreuses. Le gouvernement de ce monarque avoit assuré un revenu de 6,000 fr. à cet utile établissement.

FÉNÉLON.

François de Salignac de la Motte Fénelon, archevêque de Cambrai, naquit au château de Fénelon en Périgord. Il reçut les ordres à l'âge de vingt-quatre ans.

Treize ans après, il fut nommé précepteur des enfans de France. C'est pour eux qu'il composa son admirable livre intitulé *les Aventures de Télémaque*. Fénelon est auteur d'un grand nombre d'autres ouvrages estimés. Il possédoit toutes les vertus. Il se montra jusqu'à son dernier moment le modèle des pasteurs et le père de son peuple, sur qui il versa des aumônes considérables. A sa mort, arrivée en 1715, à l'âge de soixante-quatre ans, il se trouva sans argent et sans dettes. On raconte que Fénélon, ayant rencontré une pauvre villageoise qui se désoloit de la perte de sa vache, son unique bien, se mit lui-même à parcourir les bois pour la chercher, et que l'ayant trouvée, après bien des peines, il la reconduisit à la paysanne.

GASTON DE FOIX.

Gaston de Foix, duc de Nemours, étoit neveu de Louis XII, roi de France. Ce prince, connoissant sa capacité et sa prudence, lui donna, quoiqu'il n'eût alors que vingt-trois ans, le commandement de son armée en Italie. Gaston commença ses exploits avec une rapidité qui le fit nommer *le foudre d'Italie*. Vaillamment secondé par Bayard, Louis d'Ars et Lautrec, il gagna la bataille de Ravenne; mais, ayant voulu attaquer les ennemis dans leur retraite, il fut tué. Sa mort causa un deuil général dans l'armée, dont il étoit chéri; et Louis XII, qu'on félicitoit de ses succès, répondit : « Dieu nous garde de remporter souvent de pareilles victoires! »

HENRI IV.

Henri IV, roi de France et de Navarre, naquit le 13 décembre 1553, dans le château de Pau. Il étoit fils d'Antoine de Bourbon, roi de Navarre, et de Jeanne d'Albret, et il descendoit de Robert, sixième fils de S. Louis. Il ne fut point élevé dans la mollesse; on l'accoutuma à la fatigue et à une vie dure; il mangeoit souvent du pain commun, et il jouoit avec les autres enfans, pieds et tête nus, tant en hiver qu'en été. A seize ans, Henri se trouva à la bataille de Jarnac. Il se distingua dans plusieurs autres occasions. Il devint, en 1589, roi de France par la mort de Henri III, dont il étoit le plus proche parent; mais il ne fut maître de Paris qu'en 1594, et après avoir gagné plusieurs batailles, dont la plus célèbre est celle d'Ivry.

Henri IV fut assassiné, le 14 mai 1610, dans la rue de la Ferronnerie, par un monstre nommé Ravaillac. C'est l'un des meilleurs rois qui aient régné, et l'un de ceux qui ont le plus cherché à rendre leurs sujets heureux. Il mérita le surnom de *Grand*, autant par ses exploits militaires que par son habileté dans l'art si difficile de gouverner. Il eut le bonheur d'être secondé avec un grand zèle par Sully. Des envieux avoient cherché à noircir ce dernier dans l'esprit du roi. Ce ministre vraiment dévoué, après s'être justifié, s'étoit jeté aux pieds de Henri, pour lui rendre grâces de ce qu'il n'avoit pas ajouté foi à la calomnie. « Relevez-vous, lui dit avec bonté le roi, ils croiroient que je vous pardonne ».

De ce chef des Bourbons sont descendus les rois Louis XIII, Louis XIV, Louis XV, Louis XVI, Louis XVIII, etc.

ISAURE (Clémence).

Clémence Isaure étoit de Toulouse. Elle vivoit sur la fin du quatorzième siècle. Dès-lors existoit dans cette ville une institution qui, en 1324, invita les poëtes à une fête littéraire, annonçant qu'elle décerneroit une violette d'or fin à l'auteur du meilleur poëme. Sur le désir manifesté que la même cérémonie eût lieu tous les ans, les capitouls de la ville proposèrent de fournir la fleur en or. On accepta leur offre. Ils ne tardèrent pas à faire cette dépense avec tant de parcimonie que l'institution alloit périr, lorsque Clémence Isaure, célèbre par son esprit et ses vertus, maîtresse d'une fortune considérable et qui vivoit dans le célibat, la ranima par une noble fondation : elle assura pour toujours les fonds nécessaires pour la distribution annuelle de plusieurs prix. La généreuse fondatrice fut pendant long-temps du nombre des juges du concours. La distribution, interrompue pendant une quinzaine d'années, a été reprise en 1806. La cérémonie est toujours précédée d'une messe et d'une distribution d'aumônes. Après la mort de Clémence Isaure, le *Collége de la Gaie-Science* prit le nom d'*Académie des Jeux floraux*. Les prix décernés sont une amaranthe et une églantine d'or ; une violette, un souci et un lis d'argent.

JOUBERT.

Joubert étoit né en 1769, dans le département de l'Ain. Par son mérite seul il s'éleva jusqu'au grade de général en chef. Il se fit remarquer dans un grand nombre de batailles et de combats. Le 19 août 1798, il commandoit l'armée française dans la plaine de Novi. L'ennemi étoit en face. Joubert, voyant plusieurs bataillons chanceler, court se mettre à leur tête et les ramène au combat. Le bras droit levé et le sabre à la main, il crioit : *En avant!* A l'instant une balle le frappe au-dessous de l'aisselle et se porte vers le cœur. Joubert tombe mort en proférant ces mots : « Camarades, marchez toujours ; prenez mon sabre, dit-il à un de ses aides de camp, et cachez-moi. » Le général Moreau prit de suite le commandement et la bataille continua. Il y en a eu peu d'aussi sanglantes que celle-ci.

Joubert eut le courage, en 1793, d'accuser les agens du fameux Albitte, qui exerçoit, dans le département de l'Ain et ceux circonvoisins, la plus effroyable tyrannie.

KLÉBER.

Ce célèbre général est né à Strasbourg. Ses parens, qui étoient peu fortunés, l'envoyèrent à Paris pour étudier l'architecture, tandis que ses goûts le portoient vers l'art militaire. Il ne tarda pas à abandonner le compas et l'équerre pour l'épée. Au bout de quelques années, il revint à l'architecture en qualité d'inspecteur des bâtimens publics, et six ans après il rentra au service militaire. Il parcourut cette carrière de la manière la plus brillante. Il fut l'un des généraux que Bonaparte choisit pour l'accompagner en Egypte, où il fit des prodiges de valeur. En laissant ce pays pour revenir en France, Bonaparte nomma général en chef Kléber, qui, par ses talens et sa bonne administration, fit voir qu'il étoit digne d'un poste élevé et difficile. On sait qu'il fut assassiné par le turc Soléiman, et que les Français punirent son meurtrier par le supplice le plus terrible.

LA FONTAINE.

La Fontaine naquit à Château-Thierry, en Champagne, le 8 juillet 1621. Il parvint à l'âge de vingt-deux ans sans connoître ses talens pour la poésie. Il se mit alors à lire les meilleurs auteurs français et latins; il recueillit bientôt le fruit de ses études, et composa ses *Fables*, ouvrage immortel et qui surpasse tout ce que les anciens et les modernes ont fait dans ce genre. La Fontaine étoit rempli de douceur, de droiture et de simplicité; il étoit sans ambition et sans fiel. Il étoit si distrait et si rêveur, que quelqu'un, allant à Versailles le matin, l'ayant vu rêvant sous un arbre du Cours, le revit le soir au même endroit et dans la même attitude, quoiqu'il fît froid et qu'il eût plu toute la journée. La Fontaine mourut à Paris à l'âge de soixante-quatorze ans.

MONTESQUIEU.

Charles de Secondat, baron de Montesquieu, naquit en 1689. Son principal ouvrage est l'*Esprit des Lois*. Ce grand homme se distinguoit autant par ses vertus que par ses talens. On raconte de lui le trait suivant. Etant à Marseille, il fit une promenade sur la mer, et remarqua que le batelier qui le conduisoit ne paroissoit pas fait pour cet état. Il le questionna, et il apprit que ce jeune homme étoit le fils d'un négociant estimable nommé Robert, qui avoit été pris sur mer avec toute sa fortune. Son fils faisoit le métier de batelier pour soutenir sa famille et gagner de quoi racheter son père. Montesquieu prit sans rien dire note de ces faits, et il fit passer à Alger, par une maison de commerce, l'argent nécessaire pour racheter le négociant. Il seroit difficile de peindre la joie de cette famille en revoyant celui qu'elle croyoit encore esclave. Montesquieu retourna quelques années après à Marseille et fut rencontré par le jeune Robert, qui, se rappelant

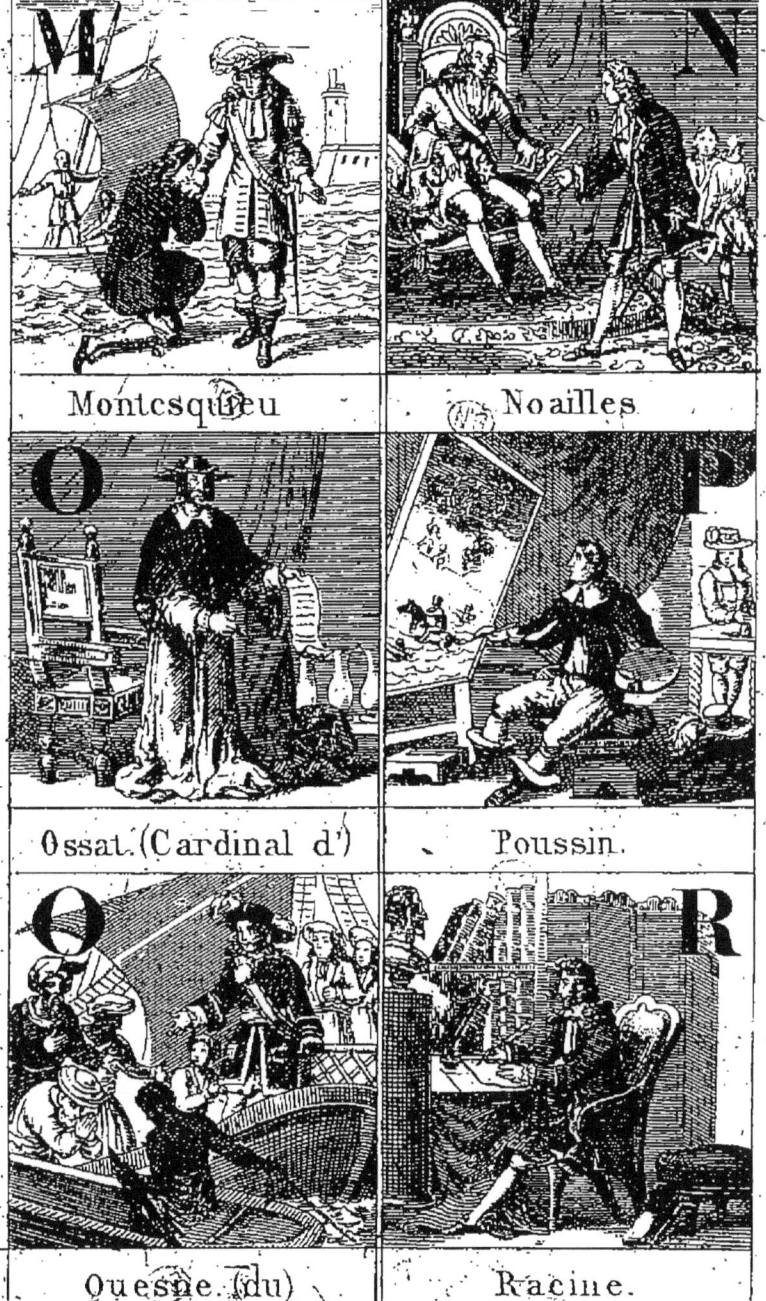

Montesquieu	Noailles
Ossat (Cardinal d')	Poussin
Quesne (du)	Racine

l'intérêt avec lequel cet homme illustre l'avoit questionné, se persuada qu'il lui devoit la liberté de son père, et voulut lui exprimer sa reconnoissance ; mais Montesquieu, aussi modeste que bienfaisant, s'échappa, non sans peine, et l'on ne sut qu'après sa mort, en visitant ses papiers, qu'il étoit l'auteur de cette bonne action.

NOAILLES.

Anne-Jules, duc de Noailles, naquit en 1650. Il fit sa première campagne à l'âge de quatorze ans. Au siége de Valenciennes, il sauva la vie à Louis XIV, en le conjurant de s'éloigner d'un lieu exposé au canon des ennemis. A peine le monarque avoit-il fait quelques pas, qu'un boulet passa à la place même qu'il avoit occupée. A la mort d'Anne-Jules, le roi donna des marques publiques de ses regrets, et assura de sa propre main le fils de sa bienveillance. Le duc de Noailles étoit digne de l'honorable témoignage de l'estime de son souverain ; car dans les hautes et difficiles fonctions auxquelles il fut appelé, il donna des preuves de talens distingués. A l'armée il déploya un brillant courage et une grande capacité : aussi parvint-il au plus haut grade militaire.

OSSAT (le Cardinal d').

Arnaud d'Ossat, cardinal, naquit près d'Auch en 1536, d'une famille dépourvue des dons de la fortune. A l'âge de neuf ans, se trouvant sans parens connus, il n'avoit d'autre ressource que la charité publique. Un gentilhomme du voisinage le fit élever avec un de ses neveux. Le jeune d'Ossat profita si bien des leçons qu'il reçut, qu'au bout de quelques années il devint le précepteur de ce jeune homme. Il accompagna en Italie Paul de Foix, qui l'estimoit singulièrement. Il y retourna comme secrétaire d'ambassade, quand son Mécène fut envoyé en mission auprès du Pape par Henri III. D'Ossat s'éleva ensuite par son mérite aux plus hautes dignités. Henri IV dut à son zèle sa réconciliation avec le Pape. D'Ossat étoit un homme simple et modeste : il avoit autant de sagesse que de prudence. Son exemple montre que l'amour de l'étude peut mener à tout.

POUSSIN.

Nicolas Poussin, peintre très célèbre, naquit aux Andelys. Il alla à Rome pour se perfectionner dans son art. Il se trouva dans cette ville sans argent et sans connoissances, et eut beaucoup de difficulté à y subsister. Il étoit obligé de donner ses tableaux pour un prix qui payoit à peine les couleurs : il ne perdit pas courage. Il savoit se contenter de peu, et se livroit sans relâche au travail et à l'étude. Sa réputation fut promptement portée au loin, et il acquit en peu d'années une grande aisance. Les compositions du Poussin se recommandent par un concours d'actions bien vrai et bien naturel, et par un accord parfait du sentiment et de la réflexion. Il mourut en 1665, à l'âge de soixante-onze ans.

QUESNE (DU).

Du Quesne est l'un des plus grands hommes de mer auxquels la France ait donné le jour. Il naquit à Dieppe en 1610, et mourut en 1688. Dès le bas âge il montra pour la marine d'heureuses dispositions, que son père cultiva avec soin. L'attente de ce dernier ne fut pas trompée. Parmi ses hauts faits, il suffit de citer les suivans : sa rencontre avec une flotte anglaise dont le commandant lui fit dire de baisser pavillon. « Le » pavillon français ne sera jamais déshonoré » tant que je l'aurai à ma garde, répondit » Du Quesne : le canon en décidera. » Les Anglais, quoique supérieurs en nombre, furent contraints de prendre la fuite après un combat meurtrier. La victoire complète qu'il remporta sur Ruiter, amiral hollandais, le premier officier de marine de son temps, qui fut tué dans l'action. Du Quesne jeta des bombes dans Gênes, et il obligea le doge, ou chef du gouvernement, à venir implorer son pardon du roi. Louis XIV lui donna aussi l'ordre de bombarder Alger, pour punir les Algériens de leurs cruautés envers les prisonniers français. Une partie de la ville fut écrasée et consumée. Le dey se soumit, et rendit tous les esclaves chrétiens. En 1830, Charles X, voulant venger les insultes faites à la France par le dey qui régnoit alors, résolut de faire la conquête de ce pays. Il donna le commandement de l'armée d'expédition à M. de Bourmont, qui répondit entièrement à sa confiance ; et pour le récompenser du service éclatant qu'il venoit de rendre à l'état, il lui envoya le bâton de maréchal de France. M. le vice-amiral Duperré, habile officier de marine, étoit le commandant supérieur de la flotte.

RACINE.

Jean Racine naquit à la Ferté-Milon en 1639, et mourut à Paris en 1699, âgé de soixante ans. Ce poëte, le premier de tous ceux qu'a produits la France, n'a pas joui de son vivant de tout l'éclat de sa gloire. Les sentimens religieux dont il étoit animé l'avoient depuis long-temps consolé de l'injustice de ses contemporains. La postérité plus équitable admire ses ouvrages ; presque tous sont des chefs-d'œuvres : ce sont ses tragédies de Phèdre et d'Athalie qui lui ont assuré plus particulièrement l'immortalité. Louis XIV, digne appréciateur du véritable talent, admit fréquemment Racine dans son intimité. Comme la bienveillance dont le grand roi l'honnoroit n'étoit ni le fruit du caprice ni le résultat d'une basse adulation, elle se soutint long-temps. Racine fut l'un des hommes les plus vertueux de son temps; il étoit rempli de piété, de douceur et de bienfaisance.

SUGER.

Suger fut conduit fort jeune à l'abbaye de Saint-Denis. On prit un soin particulier de cet enfant, qui annonçoit de rares dispositions; il profita des leçons qu'il reçut, et acquit de grandes connoissances. Il étoit rempli de bonnes qualités, et doué d'un sens droit et d'une élocution facile. Dans la même abbaye on élevoit le fils du roi, qui plus tard monta sur le trône sous le nom de Louis VI. Ce prince conçut dès lors de l'estime et même de l'amitié pour Suger. Quand il eut pris le gouvernement de l'état, il employa Suger dans plusieurs affaires. Nommé abbé de Saint-Denis, Suger prit les manières d'un grand seigneur, selon l'usage de ses prédécesseurs; mais touché des ex-

| Suger. | Turenne |
| Urbain (St) pape. | Vincent de Paul. (St) |

X Y Z

hortations de S. Bernard, il vécut dès-lors avec la plus grande simplicité. Son crédit s'accrut sous Louis VII, qui le nomma régent du royaume pendant qu'il passa en Afrique pour délivrer les lieux saints de la présence des infidèles. L'abbé de Saint-Denis gouverna avec tant de sagesse qu'il mérita que le roi même le nommât le *père de la patrie*. Les affaires de l'état ne lui firent jamais oublier ses obligations comme ecclésiastique. Il mourut en 1327 : le roi honora ses funérailles de sa présence et de ses larmes. On grava sur son tombeau : *Ci gît Suger*, son nom étant son plus bel éloge.

TURENNE.

Henri de la Tour-d'Auvergne, vicomte de Turenne, est l'un des plus grands généraux dont s'honore la France. Il naquit à Sedan en 1611. A dix ans, pour prouver à ses parens que sa constitution n'étoit pas trop foible pour soutenir les fatigues de la guerre, il fut passer la nuit sur le rempart de Sedan. On le chercha long-temps ; enfin on le trouva sur l'affût d'un canon, où il s'étoit endormi. Il apprit le métier de la guerre sous le prince Maurice de Nassau, l'un des plus grands capitaines de ce temps. Il se couvrit de gloire dans toutes les occasions, et obtint le bâton de maréchal à 32 ans. Turenne embrassa la religion catholique en 1663 : il ne voulut pas le faire tant que l'on auroit pu croire qu'il n'agissoit que pour être connétable de France. En 1675, le 27 juillet, près du village de Saltzbach, Turenne, en allant choisir une place pour dresser une batterie, fut tué d'un coup de canon. Louis XIV, qui avoit connu tout le mérite de ce grand homme, le pleura sincèrement, et voulut qu'il fut enterré à Saint-Denis, dans la chapelle destinée à la sépulture des rois. Toute la France joignit ses larmes à celles du monarque. Montecuculli dit, en apprenant la mort de ce héros, *que la France avoit perdu un homme qui faisoit honneur à l'humanité.*

URBAIN (Saint).

Urbain V reçut le jour dans le diocèse de Mende. Après avoir fait ses études avec succès, il enseigna le droit civil et le droit canonique. Il abandonna cette carrière pour entrer dans l'ordre de S. Benoît, et il devint abbé de saint Germain d'Auxerre, puis de saint Victor de Marseille. En 1362, après la mort du pape Innocent VI, il fut placé sur la chaire de S. Pierre, quoiqu'il ne fut pas cardinal : il prit le nom d'Urbain. Cinq ans après son exaltation, il transféra à Rome la résidence des souverains pontifes, qui étoit établie à Avignon depuis plus de soixante ans. Il quitta la capitale du monde chrétien en 1370, avec l'intention bien décidée de retourner plus tard s'y fixer. L'objet de son voyage étoit de rétablir la paix entre la France et l'Angleterre : il ne put mettre son dessein à exécution; car il arriva à Avignon le 24 septembre, et y mourut le 19 décembre suivant. Son corps fut transporté dans son ancienne abbaye de Marseille. Les miracles qui s'opérèrent à son tombeau le firent honorer comme un saint. L'Eglise d'Avignon célèbre sa fête le 19 décembre. Ce pape fut un homme d'un véritable mérite. Il entretint un grand nombre d'étudians dans différentes universités, et il fonda à Montpellier un collége pour douze élèves en médecine.

VINCENT DE PAUL (Saint).

S. Vincent de Paul naquit à Poy, au diocèse de Dax, le 24 avril 1576, de parens peu fortunés, qui lui firent d'abord garder leur troupeau ; mais son intelligence et sa pénétration les déterminèrent à l'envoyer à Toulouse, où il fit ses études de la manière la plus distinguée. Les qualités de son cœur répondirent à celles de son esprit: Il fut ordonné prêtre en 1600. Un legs qu'un homme de bien avoit fait à Vincent l'obligea de faire le voyage de Marseille ; et comme il en revenoit sur un bâtiment qui devoit le conduire à Narbonne, il fut fait prisonnier et conduit à Tunis. Il se sauva avec le troisième maître qu'il eut, lequel étoit renégat, et il le ramena à la vraie religion. Le vice-légat d'Avignon, instruit du mérite de Vincent, l'emmena à Rome. L'estime avec laquelle il en parloit inspira le désir de le voir à un des ambassadeurs du roi, qui en fut si satisfait qu'il le chargea d'une mission importante auprès d'Henri IV. Vincent fut alors nommé aumônier de la reine; mais il se démit bientôt de cette place. Il fut plus tard pourvu de la charge d'aumônier général de la marine. Dans un des voyages qu'il fit en cette qualité à Marseille, il vit un jour un malheureux forçat inconsolable d'avoir été obligé de se séparer de sa femme et de ses enfans, qui étoient dans une extrême misère. Vincent offrit de prendre sa place, et l'échange fut acceptée, quelque peu croyable que le fait paroisse. Cet homme vénérable fut mis à la chaîne, et ses pieds restèrent enflés le reste de sa vie du poids des fers honorables qu'il avoit portés. On regrette de ne pouvoir entrer dans le détail de ce qu'a fait S. Vincent de Paul pour la religion et pour les hommes. On est obligé de se borner à dire qu'il a recueilli et versé sur différentes parties du royaume d'immenses aumônes; qu'il a été l'instituteur de la congrégation de la Mission, qu'on appelle aujourd'hui de Saint-Lazare; qu'on lui doit l'établissement des grands-séminaires; qu'il institua la congrégation des Filles de la Charité, qui sont au-

3*

jourd'hui connues sous son nom; et qu'il est le fondateur de l'hôpital des Enfans-Trouvés. S. Vincent est mort le 26 septembre 1660, âgé de près de 85 ans. Benoît XIII l'a mis au nombre des bienheureux en 1729, et le 19 juin 1737 Clément XII l'a canonisé.

XAINTRAILLES.

Jean Poton de Xaintrailles fit ses premières armes contre les Bourguignons, sous la bannière du parti d'Orléans, qui avoit pour chef le jeune dauphin, depuis Charles VII. Lorsque ce prince, que les Anglais n'appeloient alors que le roi de Bourges, fut monté sur le trône, Xaintrailles ne cessa pas un moment de faire la guerre aux ennemis de la France et aux Bourguignons. Il acquit non-seulement une grande réputation de bravoure, mais encore de capacité dans le métier des armes : aussi les militaires se glorifioient-ils d'avoir servi sous ses ordres. Dans les loisirs que lui laissoient les guerres presque continuelles de son temps, il figuroit dans les tournois, et s'en tiroit presque toujours avec honneur. Les Français venoient d'éprouver de grands revers quand Jeanne d'Arc parut, et dès-lors la fortune changea. Xaintrailles seconda puissamment cette héroïne dans diverses circonstances importantes. Il contribua beaucoup à chasser les Anglais du royaume. Pour récompenser ses nombreux services et sa constante fidélité, Charles lui donna, en 1454, le bâton de maréchal de France.

YVAN.

YVAN est né en 1576, de parens pauvres mais très religieux. La Providence veilloit sur lui d'une manière spéciale; car il ne fut pas atteint de la peste dont mourut son père, quoiqu'il eût partagé son lit pendant plusieurs jours. Il avoit, dès son bas âge, un si grand désir de s'instruire, qu'il alloit chez de jeunes écoliers les prier de lui apprendre à lire. Devenu enfant de chœur, il excita vivement par son application l'intérêt de plusieurs ecclésiastiques, qui se firent un plaisir de fournir à ses besoins. Pendant qu'il fut chez les Minimes de Pourrière, il ne cessa de travailler avec ardeur à son instruction. Yvan entra plus tard dans la congrégation de la Doctrine chrétienne; mais il y resta peu de temps. Il fut ordonné prêtre en 1606, et se rendit près de sa mère, pour la soulager dans son indigence. Quand il l'eut perdue, il accepta une cure, qu'il laissa plus tard pour se faire ermite. Ensuite il se livra de nouveau aux fonctions du divin ministère. Ses sermons attiroient une telle foule, qu'il étoit obligé de prêcher hors des églises. En 1633, il fonda l'ordre des religieuses de la Miséricorde, et mourut en 1652.

ZAMET.

Jean Zamet étoit fils de Sébastien Zamet, fameux financier, qui vivoit sous les règnes de Henri III et de Henri IV. Jean entra simple soldat dans les gardes de ce dernier roi, et dès 1606 il étoit un des capitaines de ce corps, et attaché à la personne du monarque, qui lui accordoit une confiance particulière. Sous le règne de Louis XIII, Zamet dût à ses talens et à son intrépidité un avancement rapide. Nommé maréchal de camp, il donna des preuves d'une rare valeur aux siéges de Saint-Jean-d'Angély et de Clérac : il fut blessé à celui de Montauban ; mais il voulut rester à son poste. Il fut fait prisonnier, et de suite délivré des mains des ennemis par Pontis, avec qui il forma dès ce moment une étroite amitié. Zamet fut le modèle des guerriers chrétiens : animé du véritable esprit de la religion, il étoit humain, modeste, affable ; il maintenoit une exacte discipline dans les troupes sous ses ordres. Ses vertus, dont il ne faisoit pas ostentation, furent l'honorable cause du crédit dont il jouit auprès du roi. Zamet reçut au siége de Montpellier une blessure grave. Il mourut dans les plus nobles sentimens, exhortant les officiers et les soldats, qui étoient vivement affectés de le perdre, à reprendre courage, et à servir le roi avec fidélité.

Peiresc.

Le jeune Peiresc apprit à lire avec une grande facilité. Il se distingua par son savoir dès ses premières années. Les livres l'amusoient plus que les hochets. A sept ans, il demanda et obtint d'enseigner son jeune frère, dont il forma le coeur ausi-bien que l'esprit.

Jérôme Bignon.

Le célèbre Jérôme Bignon fut appliqué à l'étude par son père dès qu'il put articuler des mots. Il n'avoit que cinq ans lorsqu'on lui enseigna les langues latine et grecque : à sept, il traduisoit les Fables de Phèdre et les Vies des grands Hommes de Plutarque. A ce même âge, il connoissoit tellement sa langue par le simple usage, qu'il ne faisoit ni solécismes, ni fautes d'orthographe. C'est encore à cet âge qu'il publia une Description de la Terre sainte.

Sylvie d'Aubercourt.

A onze ans, Sylvie d'Aubercourt, que la Providence avoit douée d'une extrême facilité pour l'étude, avoit acquis la connoissance des langues et de l'histoire. Son père, homme de mérite, avoit eu soin de diriger particulièrement de ce côté l'éducation de sa fille. Il voulut qu'on ne lui enseignât les lettres qu'autant qu'elles pouvoient faire paroître sous un plus beau jour ses qualités sociales. Sylvie joignoit un grand fond de modestie à tant de talens, fruits d'une éducation sensée, et cherchoit même à les cacher.

Montcalm de Candiac.

Cet enfant apprit dès le berceau à connoître ses lettres. A trois ans il lisoit correctement le latin et le français, même manuscrit; à quatre, on lui donna les premières leçons de latin; à cinq, il traduisoit les auteurs les plus difficiles; à six, il lisoit le grec et l'hébreux: dès-lors il possédoit les principes de l'histoire et de la géographie, et il avoit lu une foule de poëtes, d'orateurs et de philosophes qu'on ne connoît pas souvent à un âge bien plus avancé. En quatre semaines il apprit à écrire correctement. A Paris, comme dans les principales villes du midi, on reconnut et on admira ses talens précoces. Ce prodige ne fit que paroître; il naquit en 1719, et mourut en 1726.

DES CHIFFRES.

Les chiffres sont des caractères dont on se sert pour représenter en abrégé toutes sortes de nombres ; conséquemment leur usage est de tous les momens, et il est indispensable de les connoître ainsi que leur valeur :

1   2   3   4   5   6   7   8   9   0

Un, deux, trois, quatre, cinq, six, sept, huit, neuf, zéro.

Ces chiffres se nomment *chiffres arabes*.

On se sert encore, mais rarement, de lettres qu'on appelle *chiffres romains* ; les voici :

I *ou* i, V *ou* v, X *ou* x, L *ou* l, C *ou* c, D *ou* d, M *ou* m
Un, cinq, dix, cinquante, cent, cinq cents, mille.

1	I	ou i	un.
2	II	ij	deux.
3	III	iij	trois.
4	IV	iv	quatre.
5	V	v	cinq.
6	VI	vj	six.
7	VII	vij	sept.
8	VIII	viij	huit.
9	IX	ix	neuf.
10	X	x	dix.
15	XV	xv	quinze.
20	XX	xx	vingt.
30	XXX	xxx	trente.
40	XL	xl	quarante.
50	L	l	cinquante.
60	LX	lx	soixante.
70	LXX	lxx	soixante-dix.
80	LXXX	lxxx	quatre-vingt.
90	XC	xc	quatre-vingt-dix.
100	C	c	cent.
200	CC	cc	deux cents.
300	CCC	ccc	trois cents.
400	CD	cd	quatre cents.
500	D	d	cinq cents.
1,000	M	m	mille.

NOTIONS ÉLÉMENTAIRES
DE GRAMMAIRE.

La Grammaire est l'art de parler et d'écrire correctement. Pour parler et pour écrire, on emploie des mots. Les mots sont composés de lettres.

En général, le mot est la réunion de plusieurs syllabes qui font un sens, *a-bé-cé-dai-re*. Il existe cependant un grand nombre de mots d'une seule syllabe, *dent, fer* : quelquefois même les voyelles *a* et *y* forment seules des mots.

Il y a en français dix sortes de mots qu'on appelle les parties du discours; savoir : le *nom*, l'*article*, l'*adjectif*, le *pronom*, le *verbe*, le *participe*, la *préposition*, l'*adverbe*, la *conjonction* et l'*interjection*.

Du Nom.

Le Nom est un mot qui sert à nommer une personne ou une chose. *Dieu, table* sont des noms.

On divise les noms en *noms propres* et en *noms communs*. Les premiers ne conviennent qu'à une seule personne ou à une seule chose; les seconds conviennent à plusieurs personnes ou à plusieurs choses.

Dans les noms il faut considérer le *genre* et le *nombre*.

Il y a deux genres, le *masculin* et le *féminin* : les noms d'hommes et de mâles sont du genre masculin; les noms de femmes et de femelles sont du genre féminin; ensuite, par extension, on a donné le genre masculin et le genre féminin à des choses qui ne sont ni mâles ni femelles.

Il y a deux nombres, le *singulier* et le *pluriel*. Le nombre est singulier quand on parle d'une seule personne ou d'une seule chose : le nombre est pluriel quand on parle de plusieurs.

De l'Article.

L'Article est un petit mot que l'on met devant le nom et qui en fait connoître le genre et le nombre. Il n'y a qu'un article : *le, la* au singulier, *les* au pluriel. Un nom est masculin, quand il est précédé de *le* : un nom est féminin, quand il est précédé de *la*. *Les* se met devant tous les noms pluriels.

C'est au moyen de l'article que l'on joint un nom au mot qui le précède.

De l'Adjectif.

L'Adjectif est un mot que l'on ajoute au nom pour en marquer la qualité. On connoît qu'un mot est adjectif quand on peut y joindre le mot *personne* ou le mot *chose*; ainsi *doux, agréable* sont des adjectifs, parce qu'on peut dire : *personne douce, chose agréable*.

Comme les noms, les adjectifs ont les deux genres, le masculin et le féminin.

L'adjectif doit être du même genre et du même nombre que le nom auquel il se rapporte.

On distingue dans les adjectifs trois degrés de signification : le *positif*, le *comparatif* et le *superlatif*.

Du Pronom.

Le Pronom est un mot qui tient la place du nom.

Il y a plusieurs sortes de pronoms : les pronoms *personnels*, qui désignent les personnes ; les pronoms *adjectifs*, qui marquent la possession ; les pronoms *relatifs*, qui ont rapport à un nom qui précède ; les pronoms *interrogatifs* ; enfin les pronoms *indéfinis*.

Les mots *en* et *y* sont de véritables pronoms.

Du Verbe.

Le mot verbe signifie la parole par excellence ; car sans le verbe on ne pourroit rien dire ni rien écrire qui ait un sens suivi et fini.

Un mot est verbe quand on peut lui joindre un des pronoms personnels *je, tu, il* ou *elle ; nous, vous, ils* ou *elles. Prier* est un verbe, car on peut dire : *je prie, tu pries, il prie, etc.*

Il y a plusieurs sortes de verbes.

Le verbe *actif* est celui après lequel on peut mettre *quelqu'un* ou *quelque chose ; aimer* est un verbe actif, parce que l'on peut dire *aimer quelqu'un*.

Le verbe *passif* marque une passion ou un état de souffrance, comme *être aimé*.

Le verbe *neutre*, ainsi appelé parce qu'il n'est ni actif ni passif, n'a pas de régime direct : *languir, dormir* sont des verbes neutres.

Le verbe *réfléchi* est celui dont le sujet et le régime sont la même personne, comme *je me flatte*.

Enfin le verbe *impersonnel* est celui qui ne s'emploie, dans tous ses temps, qu'à la troisième personne du singulier, comme *il faut, il pleut*.

Tout verbe doit être au même nombre et à la même personne que son sujet.

Il y a deux *nombres* dans les verbes comme dans les noms, le singulier et le pluriel.

Il y a trois *personnes*. Le pronom qui précède le verbe fait connoître à quelle personne il est.

Il y a trois *temps principaux* ; le *présent*, qui marque que la chose est ou se fait actuellement ; le *passé* ou *prétérit*, qui marque que la chose a été faite ; le *futur*, qui marque que la chose se fera.

Dans les verbes il y a cinq *modes* ou *manières de signifier* : l'*indicatif*, le *conditionnel*, l'*impératif*, le *subjonctif* et l'*infinitif*.

Chaque mode, à l'exception de l'impératif, se compose d'un certain nombre de *temps*. On forme ces temps des *temps primitifs*, qui sont le *présent de l'indicatif*, le *prétérit de l'indicatif*, le *présent de l'infinitif*, le *participe présent* et le *participe passé*.

Réciter de suite les différens modes d'un verbe avec tous leurs temps, leurs nombres et leurs personnes, cela s'appelle *conjuguer*.

Il y a deux verbes qu'on nomme auxiliaires, parce qu'ils aident à conjuguer tous les autres verbes : ce sont *avoir* et *être*. Il est important de les bien savoir.

Du Participe.

Le Participe est un mot qui tient du verbe et de l'adjectif, comme *aimant*, *aimé*. Il tient du verbe, en ce qu'il en a la signification et le régime, *aimant Dieu*, *aimé de son frère* : il tient aussi de l'adjectif, en ce qu'il qualifie une personne ou une chose, c'est-à-dire qu'il en marque la qualité, *cheval dompté*.

Il y a deux sortes de participes : le participe présent, *étudiant*, et le participe passé, *loué*, *puni*.

Le premier ne varie jamais : ainsi on dit *un homme chantant, une femme chantant.*

Le participe passé, quand il est accompagné du verbe auxiliaire *être*, s'accorde en genre et en nombre avec son sujet. Quand le participe passé est accompagné du verbe auxiliaire *avoir*, il ne s'accorde pas avec son sujet. Le participe passé s'accorde toujours avec son régime direct quand ce régime est placé devant le participe.

De la Préposition.

La Préposition est un mot qui sert à joindre le nom ou pronom suivant au mot qui le précède. Cette espèce de mot se nomme *préposition*, parce qu'elle se met ordinairement devant le nom qu'elle régit. Exemples : *agréable* à *l'écolier, passer* dans *la classe.*

De l'Adverbe.

L'Adverbe est un mot qui se joint ordinairement au verbe pour en déterminer la signification. Exemple : *cet enfant parle distinctement.*

De la Conjonction.

La Conjonction est un mot qui sert à joindre une phrase à une autre phrase. Exemple : *il pleure* et *il rit en même temps.*

De l'Interjection.

L'Interjection est un mot dont on se sert pour exprimer un sentiment de l'âme, comme la joie, la douleur, la crainte, etc. : *ah ! hélas ! hé !* sont des interjections.

FIN.

www.ingramcontent.com/pod-product-compliance
Lightning Source LLC
LaVergne TN
LVHW050620090426
835512LV00008B/1580